Un personnage de romans

François Rivière

Un personnage de romans

RÉCIT

PIERRE HORAY

à ma sœur Brigitte.

Le roman étant trop long
pour être lu en une seule fois,
les impressions produites
par ses diverses parties
s'effacent successivement,
comme dans un panorama.

Ambrose Bierce
DICTIONNAIRE DU DIABLE

Les cloches de la cathédrale résonnaient dans ma tête, me tirant du sommeil pour me jeter dans un état de curieuse béatitude... La date s'inscrivait devant mes yeux : 1er janvier 1955, sans autre raison avouée que de servir à l'identification future de ce jour apparemment sans surprise... J'étais dans le grand lit d'une des chambres de façade de la maison de la rue Alsace-Lorraine et, seul, je rêvais du temps déjà écoulé, des images de la nuit passée qui persistaient en moi, et se dissolvaient lentement sous l'effet du carillon de Saint-Pierre...

Pourquoi ce jour ? Et pourquoi le souvenir d'une telle jubilation, qui me réveille encore aujourd'hui et me remplit d'un espoir insensé ? (Pourtant, la jeunesse est passée et j'ai quitté cette ville pleine d'églises aux cloches obsédantes, me propulsant vers cette zone de haute mer où les rêves ont pris une inquiétante consistance, une irrémédiable réalité.) Tout simplement peut-être l'envie de reprendre le déroulement du jeu interrompu par le sommeil, le désir de renouer avec cette inséparable activité de ma vie et celle qui la précède à peine, l'enlace et la guide sans cesse sur le chemin des années : l'imagination d'histoires.

Alors, Schéhérazade dit à sa sœur d'écouter ; et puis, adressant la parole à Schahriar, elle commença de la sorte :
« On s'ennuie ici... J'ai envie d'aller faire un petit tour sur la Terre... »
Tout au bout de ma mémoire, à la première case du souvenir, il y a la voix qui me lisait toutes sortes d'histoires venues de livres aux épaisses couvertures de carton, rangés sans doute dans la véranda (mais je ne sais plus très bien), bibliothèque de littérature enfantine héritée de plusieurs générations de Rivière, de Micheau et de Huguet. Et cette voix était double, car il y avait ma mère et ma grand-mère, se relayant auprès de moi, au bord du petit lit laqué blanc à Saintes, de celui aux boules de cuivre à Niort. Et cette double voix ouvrait la porte à des images inouïes, me proposait d'autres mondes où je pouvais vivre enfin, léger, comme un ange ou une fée, délivré des premières rigueurs du destin d'homme.

En ces jours-là, les histoires aussi diverses qu'elles fussent, me paraissaient exister véritablement dans ma tête : j'y avais accédé sans heurt et sans difficulté, elles s'étaient établies en moi, semant le bon grain de l'imaginaire et l'ivraie d'une certaine paresse d'action qui ne m'a plus jamais quitté...

La première héroïne de ma vie s'appelait Perlette. (Peut-être parce que son nom rimait avec celui de ma grand-tante Nénette, son image vive s'associait toujours à la silhouette menue et souriante de celle-ci, dans le décor de sa maison d'Argenton-sur-Creuse où il m'arrivait d'emmener mes livres avec moi.) Perlette, goutte d'eau, naissait dans le ciel, comme tous les saints que je vénérais, descendait sur Terre à la faveur d'une pluie, y vivait une existence contrastée, de fleur en rivière et de la grande cité jusqu'à la mer immense où, par un effet de *feed-back,* elle regagnait les nuages... Cette aventure montée en boucle, comme le rêve le plus fabuleux (ou le plus terrifiant cauchemar) me fascinait totalement. Perlette fut une compagne longtemps, mystérieuse et limpide à la fois avec sa tête grosse comme celle d'un extra-terrestre, ses membres agiles de lutin et un peu plus tard, je m'aperçus qu'elle n'était pas sans lien de parenté avec Tinker Bell, la fée clochette de *Peter Pan,* ma seconde immense admiration. La goutte d'eau, lancinante, retombait à intervalles réguliers dans ma cervelle, évoquant l'éternel retour de la fiction.

A l'extérieur aussi, la vie s'organisait.

Les hautes façades blanches ou ocres de l'étroite rue Alsace-Lorraine où je suis né nous cachaient le soleil mais celui-ci apparaissait au-dessus de nos têtes, éblouissant dans le ciel lumineux de Charente, lorsque nous escaladions les innombrables marches de pierre grise et moussue menant à l'Institution Jeanne-d'Arc. Cernée de sanctuaires, surveillée en permanence par Dieu, ses Anges et ses Saints, ses prêtres et ses vestales aux blanches cornettes, ma conscience d'enfant sage mêlait pour mon plaisir le plus intime l'odeur de l'encens à celle de l'aventure. Les images pieuses, joliment cernées d'un trait noir n'étaient pas si éloignées des premières cases de bandes dessinées qui allaient un peu plus tard captiver mon attention. Et, tandis que la voix gourmée de l'aumônier entamait une litanie dont chaque répons sonnait comme un chant pervers et délicieux à mon oreille, je me perdais dans la contemplation des vitraux, j'étais englouti par la pérennité du lieu et de ma fonction d'enfant chrétien, éperdu et soumis.

Les amis commençaient à revêtir quelque importance dans le rite du jeu. A quatre ans, je devais bien mettre en pratique cette envie dévorante d'associer les autres à mon art de vivre. La notion de groupe (la classe, aveugle assemblée aux réactions toujours inattendues, le bruit, la peur de se jeter à l'eau) me repoussait vers le secret, la connivence. Sœur Marie-Joseph, qui longtemps pria pour cette vocation de prêtre à laquelle j'ai commencé à croire dès ma sixième année, ignora toujours combien je haïssais ce cercle blanc peint sur le plancher de la petite salle de classe. Cette limite était celle de mon intimité, de ma timidité. Et j'aurais tant voulu n'avoir jamais à la franchir pour aller vers les autres.

L'après-midi, déjà, je commençais avec mon ami Pierre à faire rouler des autos miniatures sur toutes les surfaces libres à notre hauteur. Les Dinky Toys de nos grands frères étaient écaillées, cabossées. Mais nous savions que bientôt nous en aurions d'autres, que nous commencerions cette collection dès que notre argent de poche le permettrait.

Avant la collection de livres, ceux-ci existant déjà à profusion autour de nous, nous allions nous lancer dans la passion des jouets. Pour moi, ils seraient indissociables des lectures, puisque à travers eux, je poursuivrais, concrétiserais la dramaturgie des mondes « racontés » par les voix de ma mère et de ma grand-mère.

Très rapidement, je suis devenu un acteur polyvalent, pensionnaire du théâtre ambulant niché dans ma tête.

Un jour de goûter chez les F., dans leur bel hôtel de pierres grises aux fenêtres à petits carreaux, aux pièces immenses ornées

d'impressionnantes portières de velours rouge, je fus frappé par la vision d'un Guignol, appartenant depuis toujours à cette nombreuse famille originaire du nord de la France. Fronton magique, rideau secret, marionnettes en papier mâché manipulées par les aînés des enfants me procurèrent d'intenses frissons. A mon tour, plus tard, j'en eus un, plus modeste, mais je m'en désintéressai rapidement, car je préférais être le personnage d'une action plus *réelle*.

Lorsque nous allâmes habiter notre maison neuve entourée du beau jardin que ma mère ingénieuse ne tarda pas à faire surgir comme par enchantement d'un sol ingrat, je fis de nouvelles connaissances. Face à la silhouette à demi gommée par le temps des arènes gallo-romaines, qu'on transformait l'été en théâtre de plein air, cette rangée de maisons toutes neuves recelait un grand nombre d'enfants. Mes fidèles amis furent d'emblée Georges, Laurent et son petit frère Guillaume. Le père de Georges était un original, professeur de sciences naturelles au lycée de la ville. Mme V., la mère de Laurent et Guillaume, était une fille de la bourgeoisie parisienne et possédait une remarquable bibliothèque. C'est chez elle que je vis pour la première fois les recueils à couverture de toile verte des romans d'Agatha Christie. Mme V. fumait des Pall Mall, connaissait tous les films, avait lu des tas de livres et elle m'impressionnait terrible-ment. Laurent, son fils aîné, était doué pour tout, rêvait peu mais agissait. Lui aussi, à sa façon, avait quelque chose d'impressionnant, car s'il se pliait à mes idées de jeu souvent originales, il tenait à mener jusqu'au bout leur pratique, ce qui malmenait mon impatience et une certaine apathie dans les activités quotidiennes... Dans la grande pièce en sous-sol de la maison des V. où nous passions chaque jour des heures à mettre en scène nos désirs d'enfants, Laurent et moi n'échangions que rarement des impressions de livres. C'est avec Georges, esprit fantasque, déjà savant — tel Encyclopedia-Brown, le détective préféré des enfants américains — que s'instaurèrent vraiment les « jeux » dérivés de nos lectures.

Premiers albums illustrés de la fameuse collection du Lombard qui trouva, dès les années cinquante, son club éminent et rarissime de lecteurs — à Paris et plus rarement en province où ces livres étaient peu diffusés. Mes parents ne partaient jamais pour Nantes, Bordeaux ou Marseille sans une liste précise de titres éperdument recherchés : *L'énigme de l'Atlantide*, par E.P. Jacobs ; *L'île maudite*, de J. Martin ; *L'énigmatique M. Barelli*, de B. de Moor, etc. Mon impatience s'exaspérait dans l'attente du bruit d'échappement annonçant le retour de la voiture familiale, Citroën noire ou Panhard grise, descendant le vallon des Arènes, et son arrêt en douceur devant la maison... A cette époque la lecture était surtout

une contemplation de l'œuvre, une fascination pour le livre, du cartonnage à chacune
des images du récit, des pages de garde à
l'éventuelle photographie de l'auteur au dos

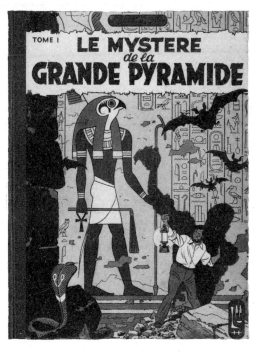

du volume. Il ne s'agissait pas d'innocence
mais de fascination. Et la lecture se transformait en culte de l'imaginaire, se poursuivait
sous forme de jeux interminables — et « en
vrai » — avec les personnages des histoires.

Georges, Laurent, Guillaume et moi, avec
bientôt d'autres garçons et filles habitant les
maisons neuves d'une petite route non encore

goudronnée menant à l'asile de vieillards, nous commençâmes l'adaptation à nos jeux de plein air de ces lectures que nous ne faisions pas tous mais qui, répétées au reste de la troupe par les initiés, devenaient notre imaginaire commun, *notre monde à nous...*

C'était un monde où la solitude n'existait pas, car nous passions toutes nos journées ensemble. Et pourtant, je crois que j'aurais bien aimé être seul plus souvent et n'inventer que pour moi des histoires à partir de celles que je lisais. Par petites troupes, nous fréquentions le patronage du jeune abbé Robert, à l'ombre de l'église Saint-Eutrope et là, en extase, je visionnais les « films fixes » des aventures de Tintin (« Le mystère de l'avion gris » non encore *L'Ile Noire*, etc.), de Blake et Mortimer, d'Oscar, d'Isidore, du chien Titus et du singe Cacahuète. Le claquement sec des sièges métalliques, leur balancement au gré de nos surprises ou de nos fous rires, tout cela ne parvenait pas vraiment à m'arracher à ce spectacle d'une lecture particulière. Une voix venue du fond de la salle lisait le texte des phylactères et la dramaturgie délivrée là, dans le froid souvent vif et la dissipation de mes congénères, me donnait envie de reprendre plus tard, et pour moi seul, le récit fractionné par les autres jeux, les parties de ballon et les exigences diverses de la vie de groupe.

Dans nos jardins, les noms seuls que nous portions dans les jeux changeaient la nature du décor, comme sous l'effet d'une magie romanesque... Nos héros se pliaient sans inconvénient à nos désirs les plus divers et à la configuration du monde quotidien. Ce quartier tranquille s'accommodait lui-même fort bien de toutes les péripéties des histoires, que leur décor fût Londres, Rome ou Paris, le monde sous-marin ou quelque planète lointaine...

Le clocher gothique de l'église Saint-Eutrope surplombait les ruines circulaires du temps des Romains. Le monde antique des péplums et celui du monde moderne fixé par nous une fois pour toutes au temps de la dernière guerre et des exploits de la Résistance. Le présent n'exerçait aucun attrait sur moi. Je me disais : qu'y a-t-il de si fabuleux à exister heure par heure dans le monde quotidien, là où les rêves piétinent, où notre imagination s'exaspère face à la lenteur des événements et à l'incompréhension des autres ? C'est l'indifférence du réel à notre vision du monde qui fait du moment présent un lent cauchemar paralysé.

Alors, dans ces heures retrouvées à tout jamais vivantes d'une activité incessante, je vois nos silhouettes flexibles et intrépides courir d'un jardin à l'autre, franchir d'un bond un petit mur, se glisser comme des lapins sous un grillage relevé, cogner à une vitre, s'interpeller joyeusement ou avec des mines de conspirateurs, se jeter à plat ventre sur un lit recouvert de tissu écossais et plonger en une seconde dans la lecture d'un livre écrasé sous nos avant-bras, tandis que la galopade se poursuit mais dans le monde imaginaire cette fois, et que de nouveaux soleils s'allument dans nos têtes, loin du jour qui tombe dans nos chambres d'enfants.

Les livres vénérés mais souvent malmenés n'étaient là que pour recharger les batteries du rêve — je tiens à ce qu'on le sache — et notre incessante consommation d'aventures ne visait qu'à prolonger les heures d'ivresse des histoires vécues par nos cœurs délurés, moqueurs et faussement insouciants (il faut vraiment être adulte pour parler d'enfants insouciants). Oui, il nous suffisait, à n'importe quelle heure du jour ou (en vacances) de la nuit, de reprendre pied dans le monde réel des aventures de nos héros pour trouver les éléments de la péripétie suivante...

Dès ce moment, tout se mêla dans nos têtes fiévreuses et il me semble que je ne fus plus capable de me concentrer sur aucune forme de savoir scolaire, tant j'étais sous le charme de mes lectures. Rien de très étonnant puisque tous nos héros étaient d'éternels vacanciers : Sophie, Paul et les enfants d'un autre âge mis en scène par la Comtesse de Ségur dans ces immenses châteaux normands si différents des demeures anglaises où évoluaient le très middle-class *Club des cinq* d'Enid Blyton. La Dame des Nouettes et la Dame à la Rolls (si prolifique que je ne suis jamais parvenu à lire tous ses livres parus en français, alors que j'ai relu plusieurs fois ceux de Mme de Ségur) rivalisaient devant nos yeux de malice contenue pour nous effrayer du monde adulte. Blyton plus que l'autre, et plus qu'aucun autre

auteur pour enfants, prenait notre auditoire à parti, se faisait notre absolue complice. Dans la réalité, il nous manquait une Tante Polly qui se fût révélée, comme dans les chères « aventures » ou les intrigants « mystères » de Miss Blyton, la protectrice de nos humeurs changeantes. Une associée comme nous n'en rencontrions que rarement l'été, dans le clan des adultes, et qui eût fait montre de beaucoup de fantaisie et d'invention. Une romancière de la vie courante : mais j'ignorais encore que cela, sans doute, n'existe pas !

Les saisons se succédaient et nos bibliothèques se garnissaient, faites de bric et de broc. Bien sûr, cette occupation était devenue l'une de mes obsessions. Dans un petit carnet à reliure rouge, j'ai conservé la liste d'un premier état de mes « possessions » qui resta durant tout un été dissimulé dans la cabane au fond du jardin. Cette liste comporte plusieurs rubriques : timbres de collection, disques (ces livres-disques si prisés des enfants durant les années cinquante, où se retrouvaient pêle-mêle Saint-Ex, les *Contes du lundi,* la vie de Mermoz et celle de Mozart non encore falsifiée) et aussi une suite de noms (amis, relations, noms de personnages) que je n'ai pas cessé d'entretenir, car j'ai la manie des « noms » de famille, au point de dévorer avec curiosité les annuaires de toutes les villes étrangères où je passe.

Dans ma « bibliothèque idéale » de cette époque, je retrouve bien sûr, en première place, *Perlette, goutte d'eau* et deux ou trois autres albums du Père Castor. Puis viennent les Bibliothèque rose (ancienne présentation : reliure de percale rouge, à fers dorés ou argentés selon la période). En tête, la série entière

21

de la Comtesse. Puis *Un trio turbulent* de Gyp, un *hit* de ma collection que j'ai relu trente fois au moins et que je relis encore : les vacances d'une famille parisienne sur une plage normande, avec ces personnages hauts en couleurs que sont Aymar et Thierry, leur sœur Nini, dont le parler gouailleur, les manières désabusées de gosses de riches me fascinaient et me glaçaient tour à tour. Les livres d'André

Lichtenberger, écrivain alsacien parfois proche de Kipling (*Mon petit Trott, La petite sœur de Trott, Le petit Roi,* etc.). La série des enquêtes policières de Sir Jerry, par Mad H. Giraud, illustrées par la très art-déco Manon Iessel. Les

romans de R.M. Ballantyne (*L'île de corail, Les chasseurs de gorilles*, etc.) et *Le petit Lord Fauntleroy* de Frances Hodgson Burnett. *Sans famille* d'Hector Malot que je n'ai jamais lu mais dont

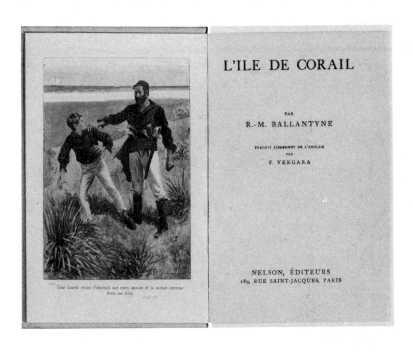

je vénère la production filmée hollywoodienne qui en fut tirée. La *Fabiola* pleine de suspense du cardinal Wiseman, contemporain des meilleurs Dickens. *La dette et l'otage* de l'Allemand J. Edhor, dont j'ai compris depuis qu'il avait été l'un des inspirateurs de Delly. *Les quatre filles du Dr March* et *Petites femmes* de l'Américaine Louisa May Alcott. *Les pèlerins de*

Chiberta et *Le cheval sans tête* de Paul Berna, un des rares grands romanciers français pour la jeunesse, dont j'ignorais alors qu'il était l'autre nom de plume de l'auteur de romans noirs Paul Gerrard que j'ai dévoré plus tard. Et puis, bien entendu, la liste des albums d'Hergé, de ceux de la collection du Lombard

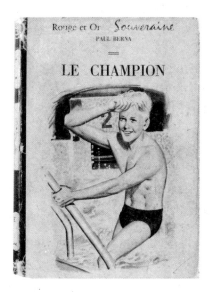

(Edgar P. Jacobs, Paul Cuvelier, Jacques Martin, Willy Vandersteen, Bob De Moor, Jacques Laudy, Tibet, etc.).

Le carnet rouge, que je possède toujours, ne faisait — curieusement — pas mention de deux de mes livres-cultes, déjà lus et relus à ce moment (11 ans) : *Dix petits nègres,* par la bonne dame de Torquay et *Le mystère du château maudit,* de René Duverne, paru dans la Bibliothèque rose avec des illustrations d'André Pécoud, l'un de mes enlumineurs préférés — déjà chargé de moderniser, dans les années trente, les romans de Mme de Ségur. Pécoud, qui mériterait plus qu'un rapide hommage, conférait au drame feutré évoqué par l'auteur une ambiance encore plus mystérieuse dans son apparente banalité. Les personnages estompés — enfants sages en jupes plissées et culottes courtes, vieilles femmes voûtées en tabliers et bonnets blancs, maisons de province aux rideaux de cretonne, chats endormis au soleil —, les éléments du décor — arbres dénudés et roses trémières dressées devant des façades blanches —, toute cette ambiance tranquille, par contraste, exacerbait ma lecture, donnait à l'évocation du tragique, de l'angoisse un écho étrange. Le roman de Duverne est devenu très vite pour moi la quintessence du récit de peur — son titre y aidait — et cette histoire de vacances dans un château en ruines, aussitôt après la guerre, doublée d'un sombre drame familial, est restée en moi comme la trame parfaite du mélodrame de suspense qui échappe aux rites urbains de la violence pour mieux entrer dans la mythologie du mystère pur. Nous y lisons le journal d'une adolescente vigilante et de ses deux petits frères, par lesquels nous apprenons bribe par bribe le sortilège qui entoure le fameux « château maudit » et sa vieille gardienne. Une sorte de douceur dans le récit étoffe page après page cette histoire faussement languide et que nous vivons de l'intérieur. C'est un livre admirable que je n'ai cessé d'avoir envie de réécrire, indéfiniment, à ma façon *.

L'île du Nègre, dont j'ai appris récemment qu'elle était la copie conforme de Burgh Island, au large de Kingsbridge (Devon), ne fut que l'un de ces décors qui hantèrent nos imaginations enfantines. Agatha Christie avait emboîté le pas à ses illustres confrères, R.M. Ballantyne (*L'île de corail*), Stevenson (*L'île au trésor*), Quiller-Couch (*L'île Poison*), et devancé de peu les innombrables îles qui jalonnent l'œuvre d'Enid Blyton (*Le trésor de l'île, L'île de la nuit,* etc.). Sans oublier cet archipel conçu par James Barrie dans la troisième dimension des jardins de Kensington, puis figuré par Walt Disney en 1953 dans un compartiment cosmique dépendant étroitement du ciel de Londres... Peter Pan, omniprésent, nous prenait sans cesse la main pour nous promener de l'un à l'autre de ces décors

---

* *Je prie les lecteurs de mon livre,* Souvenir d'Enid Blyton, *de bien vouloir excuser les quelques redites qu'ils trouveront ici.*

— mais déjà nous vivions sur une île, mes amis et moi, sans le savoir même si nous connaissions fort bien le maniement d'une machinerie digne du Châtelet.

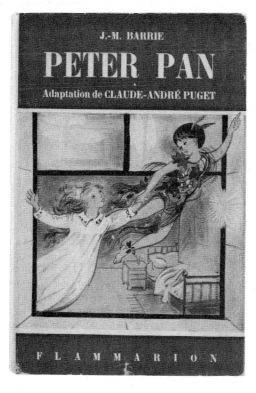

Les hommes se changeaient en animaux dans nos rêves et vivaient d'étonnantes et cruelles aventures dans une contrée fantastique peuplée de châteaux pareils à ceux de Louis II de Bavière. Notre Roi fou n'avait pas de nom, mais nos magiciens préférés avaient le leur écrit en lettres capitales sur les couvertures des livres que nous dévorions. Tante Polly s'appelait tantôt Enid et tantôt Agatha, Sophie Rostpochine, etc. Et déjà, les ombres chinoises de ces êtres lointains et proches à la fois venaient se poser sur nous, apparitions

qui ne me laissaient jamais indifférent. Durant toute mon enfance, j'ignorai jusqu'à la véritable nationalité de l'auteur du *Club des cinq* et du *Clan des sept*. Son nom était prononcé « bliton » par tous les enfants et n'éveillait aucune étrangeté à mes oreilles. Tandis que celui de Mrs Christie portait en lui-même toute la saveur délicieuse capable d'éveiller en moi une anglomanie qui ne s'est pas démentie par la suite. Vers ma onzième année, au début des sixties, je tombai par hasard sur une photographie de la romancière publiée dans les pages d'actualités de *Top-Réalité jeunesse,* hebdomadaire petit format pour les enfants de bonnes familles. C'était Tante Polly ! La dame vieillissante, très provinciale, mais avec quelque chose de complice dans le regard, de gourmand, d'enfantin, c'était elle ! Agatha-Polly avait du talent. Ses romans se dévoraient comme des tranches de gâteau et son Hercule Poirot, si ridicule (aux dires de Mme V., la mère de Laurent) se présentait comme un authentique compagnon de jeux. La détection ne fut jamais mon fort, mais l'atmosphère prenante des histoires dont H.P., puis Miss Marple, que j'adorais, étaient les héros m'envahit littéralement, s'installant à tout jamais dans mon petit théâtre. Ce n'étaient encore que des images, des scènes à mélanger adroitement aux scènes classiques du répertoire, qui donnaient des noms anglais à certains personnages, certains éléments du décor. Londres, c'était déjà la patrie de Blake (Georges) et Mortimer (moi), au fil d'interminables parties romanesques qui cessaient seulement aux heures d'école — la communale pour mes copains, le cours privé de Mlle Le Roy pour moi. Le paysage se faisait plus dense, l'horizon s'élargissait à mesure que nous pénétrions plus avant dans l'univers des créateurs. Mais j'étais le seul à m'intéresser à la biographie de ces inaccessibles dieux qui dirigeaient mes pas à l'insu des adultes.

Presque chaque année, à Noël ou à Pâques, l'hebdomadaire *Tintin,* sur deux pages à fond sépia, renseignait son jeune public sur « ceux qui font votre journal ». C'est ainsi que je découvris avec attendrissement et une intense curiosité les visages d'Hergé (jovial et policé) d'Edgar P. Jacobs (sérieux, tellement anglais !) et de Jacques Martin (latin, si latin et pompeux), me promettant de faire un jour leur connaissance. Le visage de Sir Arthur Conan Doyle, avec sa tête ronde et ses moustaches cirées de chat victorien, m'apparut vers cette époque sur un dépliant vantant la série complète de ses œuvres, gros volumes à jaquettes bleues, noires et jaunes dont la vue, aux vitrines des librairies de Saintes et La Rochelle, me faisait délirer. (Je parvins à me les faire offrir, à raison d'un par an et je les dégustai à petits chapitres.)

Agatha, cependant, continuait à me faire de l'œil. Ma sœur, abonnée à un club de « livres féminins » uniformément blancs d'aspect, reçut un beau jour de 1963 un exemplaire de

Loin de vous ce printemps, œuvre d'une certaine Mary Westmacott. Je ne tardai pas à apprendre, stupéfait et ravi, que cette romancière dont la silhouette enrobée ornait différentes reproductions photographiques incluses dans cette édition, n'était autre que Mrs. Christie. Et, du même coup, la mythologie christienne m'envahit comme un flux délicieux d'anecdotes sucrées : son enfance solitaire à Ashfield (qu'un ignare préfacier avait baptisé Greenway, du nom de la propriété qu'elle acquit en octobre 1938 !), son dévouement auprès des blessés des deux guerres, son amour suspect pour les poisons et les pommes qu'elle croquait dans son bain tout en réfléchissant à ses intrigues. Bref, tout ce qui fait le charme et l'intérêt de la littérature, à mes yeux d'amateur *lowbrow*... Les détails révélateurs, les indices décisifs. Et les absurdités du genre : « Son éditeur a attendu vingt-cinq ans avant d'obtenir une entrevue. » L'évocation d'un modèle, puisque c'est dans cette catégorie que je la rangeai d'emblée, avait pour moi valeur d'Écriture. Le grand livre du monde s'était ouvert de lui-même à la page m'indiquant la route à suivre. Pendant de longues années, j'avais rêvé devenir prêtre, épaulé par les prières de sœur Marie-Joseph, ma première « enseignante ». Chez Mlle Le Roy, les cours commençaient et finissaient par des prières —

plus ardentes et plus longues aux époques de Noël, de Pâques ou en mai durant le « mois de Marie ». La cheminée ornée d'un crucifix et de deux bougeoirs qu'on allumait juste le temps de la prière, l'était alors aussi d'un bouquet de roses pompons cueillies dans la roseraie touffue accrochée à l'un des murs du jardin. Je revois ce long jardin rectangulaire, qui descendait en pente douce vers le vallon des Arènes, avec ses massifs un peu chétifs, son allée en forme de huit qui m'a inspiré un de mes premiers textes, la cabane des W.C. en bois moussu et surtout ce gros arbre sous lequel, au mois de juin, le jour de la distribution des prix, nous récitions nos morceaux de bravoure de l'année scolaire, en solo ou à deux. Mlle Le Roy m'effrayait et me charmait à la fois. Ses cheveux gris teints en blond, les reflets métalliques dans ses lunettes et cet air strict, sévère, qu'elle portait comme un masque, en faisaient à mes yeux un personnage complexe, mélange de passion et de froideur, de rigueur implacable et d'ouverture au rêve. Quels délices, lorsqu'elle nous ordonnait de refermer livres et cahiers pour se mettre à nous lire, de sa voix précise et cultivée, des passages de *La guerre du feu* ou de *Salammbô* ! Le monde pour moi basculait de l'horreur de ma condition d'élève (la situation la plus haïssable pour un enfant) à celle d'heureux disciple du rite immortel de la lecture. Et la chère demoiselle dut être frappée par mon attitude résolument différente, elle qui me savait paresseux mais pas si bête, car elle prit un jour à témoin le reste de la petite assistance pour dire avec un accent moqueur qui me fit rougir jusqu'aux oreilles : « Regardez François : il est tout ouïe. »

Rouge de confusion, je le fus plus qu'à mon tour durant ces années d'apprentissage — et je le deviens encore souvent, sans raison, comme par complicité avec l'angoisse des premiers temps face au monde adulte, à ses mystères, face à l'incompréhension réciproque et au malaise qui me prend de me sentir soudain *déplacé*. La rougeur — propre à un certain nombre d'êtres considérés comme « timides » — a été une des terreurs rampantes de mon adolescence : ce flux caractéristique des joues fraîches de l'enfance, en se perpétuant au fil des années de collège puis de pensionnat, devint une sorte de tare aux yeux de mon entourage (et à mon propre regard sur moi-même), qui me faisait perdre régulièrement confiance. Tout était prétexte à rougir, même les intentions supposées des autres parvenaient (comme aujourd'hui encore) à provoquer cette « bouffée de chaleur » parfois éphémère, parfois durable et toujours profondément humiliante. A présent ce sont les regards insistants qui parviennent à faire monter le rouge coquelicot à mes joues : regards qui me troublent, qui cherchent à me faire dire un secret — ou du moins cherchent à me le faire croire.

A l'époque de mes « études » chez Mlle Le Roy, je dévorais des auteurs drôles : Courteline dont j'ai appris par cœur certains rôles, de *Boubouroche* à *Théodore cherche des allumettes* ; les histoires de Christophe : j'avais une prédilection pour *Le sapeur Camember* et le Dr Guy Mauve, oncle d'Artémise et Cunégonde dans *La famille Fenouillard*. Lectures communes avec mon ami Laurent, sources intarissables de plaisanteries domestiques dont Marie-Louise, la gouvernante charentaise de mes amis V., était l'innocente victime. Nous faisions d'elle un personnage secondaire des livres de Christophe, comme pour compenser le manque d'humour de la population de nos aires quotidiennes... Nous ne trouvions en fait guère de complicité extérieure, aussi nos jeux différaient-ils beaucoup selon que nous nous trouvions chez nous (dans nos chambres respectives ou dans cette grande pièce qui, chez lui, nous servait de théâtre) ou devant les maisons, sur la petite place baptisée « les Pierres », située devant l'entrée des Arènes, ou bien encore sur les deux chemins blancs qui délimitaient au nord et au sud, la carte de notre pays.

Georges et moi avions mis au point, dans un autre compartiment ludique, une intense activité d'espionnage qui nous requérait parfois des jours entiers. Une sorte d'interminable feuilleton, improvisé dans la plus totale

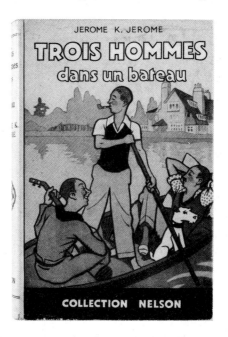

fantaisie, nous transformait tour à tour en une foule de personnages, modifiant sans cesse les éléments du décor et nous affranchissant des lois élémentaires du monde. Notre éducation scolaire devenait une suite de parenthèses incongrues et assommantes jetées absurdement parmi le long roman de notre vie d'agents des services secrets anglais... Nous appartenions corps et âmes à ce monde imaginaire qui s'harmonisait tout à fait avec notre souhait le plus cher : organiser le mystère autour de nous, disposer les jalons de ce drame aimable qu'est la conspiration silencieuse dont procède le jeu des espions. Ainsi, nous superposions les éléments de notre fiction (noms, grandes lignes d'une intrigue facile) aux moments convenus de notre vie quotidienne, en les décalant. Nous inventions des livres, au sens où l'entendaient les Anciens qui ne voyaient en eux qu'une fixation à peine nécessaire de la littérature orale, ou plutôt nous préparions la mise au monde de livres qui ne seraient peut-être jamais écrits. Le rite funéraire de l'écriture des livres ne m'était pas encore apparu : nous faisions des livres vivants, en perpétuelle expansion. Rien ne nous retenait, n'alourdissait les ailes du grand oiseau de notre imaginaire. Et les multiples contraintes de chaque jour n'étaient que de nouveaux stimulants sur le chemin de l'évasion. Les romans dévorés, ce matériau indispensable, n'avaient-ils pas, eux aussi, l'apparence d'une forme mouvante à nos yeux étonnés ? J'en arrive à le croire aujourd'hui, tandis que je me les rappelle et qu'ils m'apparaissent à leur tour comme un certain nombre de stèles sur la colline verdoyante de mon enfance.

Sur le chemin le plus court menant de notre maison à celle de Mlle Le Roy, se trouvaient divers « décors » depuis longtemps repérés, assimilés à mes diverses fictions — hormis l'un d'eux : une haute façade décrépite derrière laquelle vivait une famille nombreuse notoirement pauvre et scandaleuse (mauvaise éducation de la progéniture). Il se trouvait qu'à chacun de mes passages devant cette maison délabrée, j'étais assailli par des cris, des injures et toutes sortes d'anathèmes que s'envoyaient petits et grands de la famille et ce remue-ménage, ces bruits me glaçaient littéralement le sang. J'avais peur. Quelque chose dans la manière affichée qu'avaient ces gens de se jeter à la figure des passants (qui récoltaient eux-mêmes, à l'occasion, des regards agressifs et moqueurs), ce permanent désaccord me terrifiait au point de me plonger dans une sorte de dépression qui durait parfois des heures et troublait mon séjour dans la petite salle d'études de Mademoiselle. Aussi pris-je bientôt la résolution d'éviter de passer devant la maison des « rumeurs » et c'est ainsi que je pris par Saint-Eutrope, c'est-à-dire que je contournai le vallon des Arènes, longeant par d'étroits chemins bordés d'aubépines et de noisetiers les jardins de maisons bourgeoises, créant un itinéraire bucolique et propice à la méditation, à l'imagination... Fuyant la peur, j'empruntai le détour (aberrant par la complexité de son tracé m'obligeant à doubler l'habituel trajet de dix minutes) qui me délivrait d'une curieuse oppression. Jamais jusqu'à ce jour, je n'ai cherché à analyser ce malaise, car cette angoisse n'a cessé de changer de forme au fil des années et les détours qui m'en ont éloigné m'ont toujours précipité vers les chemins paisibles de la fiction (lecture, écriture) en un incessant jeu de cache-cache avec la réalité parfois sordide du monde où nous vivons. Pourquoi s'interroger sur la nature du mal quand nous connaissons le remède ?

Les jours s'écoulaient au creux de ce vallon que les saisons changeaient à peine et j'observais distraitement la floraison des jardins, la ramure des arbres dont l'importance faisait varier, à peine, la forme du paysage, mais je crois bien que pour moi, l'essentiel était ailleurs. Voyageur immobile, je sondais l'intérieur de ce monde moins surprenant que vaguement inquiétant sous sa placidité. Il me semblait tellement facile de changer, d'un coup de baguette magique, le nom même de chacun des éléments du décor que je n'avais pas à me priver. Mes associations avec tel ou tel compagnon de jeux m'aidaient à multiplier les variations du mystère des jours. Les Tantes Polly du « roman pour enfants » m'avaient servi d'initiatrices et je ne savais trop com-

ment les remercier. En revanche, je n'éprouvais plus aucun mal à me substituer à elles, à leurs pompes et à leurs œuvres. Le terrain était vaste, les « idées d'histoires » m'étaient fournies à satiété par elles ou leurs confrères franco-belges de la bande dessinée, aussi n'avais-je plus qu'à m'y mettre, à mon tour, à inventer, à mentir...

Mais je n'avais rien d'un petit prodige. Je n'écrivais pas. Je passais seulement de longues heures à m'engluer dans des débuts d'intrigues, à revenir sans cesse à la case départ afin de régler, encore et toujours, de façon totalement obsessionnelle, les prémices du jeu, à m'assurer que j'étais bien moi-même l'acteur principal de la rêverie — et celle-ci faisait souvent long feu. Il n'y avait cependant pas de quoi désespérer, car cette activité d'alors, prépondérante, remplissait parfaitement son office : le temps passait, Schéhérazade parlait dans ma tête et moi son double, je ne cessais de m'émerveiller de son seul discours, de sa seule présence tellement gratifiante en moi. Elle me rendait un service ineffable, me procurait le viatique tant attendu, repoussait la noirceur des ténèbres entrevues le temps d'un péché...

A l'église, dont la masse hautaine sur la colline obsédait ma vie de façon concrète, avec sa flèche gothique surplombant tout le paysage, son horloge et ses aiguilles dorées rythmant notre vie à tous, je me confessais, tantôt à M. le curé — qui me terrorisait — tantôt à l'abbé Robert qui paraissait gentil et distrait, donc oublieux de ma litanie de péchés à vrai dire stéréotypés, et le doute pourtant subsistait de l'effacement de mes fautes. Les péchés eux aussi étaient une invention de la religion : ils favorisaient notre imagination,

41

dilataient notre faculté d'insoumission en donnant aux fautes vénielles l'assurance de leur hypocrite récurrence... Les prières leitmotive, les dimanches moutonniers et leur béatitude rassurante, tout cela donnait à nos vies de jeunes catholiques romains des airs suffisants. Le salut des autres ne me passionnait pas — je ne me suis jamais senti militant — mais j'avais la certitude de ma survie et je n'avais plus qu'à trouver des raisons à sa nécessité.

Il était pourtant évident, dès le départ, que je ne deviendrais jamais prêtre. La pauvre sœur Marie-Joseph, à l'Institution Jeanne-d'Arc, s'était trompée de vocation, mais elle n'avait pas manqué d'intuition. D'une façon ou d'une autre, il avait été décidé que je passerais ma vie à vouloir faire partager mes convictions. Les premières victimes de cette volonté acharnée furent mes copains de jeu des Arènes et quelques autres, comme Pierre ou les frères B. qui possédaient en commun une admirable collection d'albums de bandes dessinées. Ces deux frères inséparables étaient des maniaques du livre et j'étais en extase devant les séries complètes de Gil Jourdan, Jerry Spring, Spirou et Fantasio, Tif et Tondu qui alignaient des dos multicolores dans leur bibliothèque. Ils étaient également de grands lecteurs des aventures de Bob Morane, qui paraissaient, à raison d'un court volume (150 pages environ), tous les deux mois dans la collection Marabout-Junior, sous des couvertures gouachées, admirables, de Pierre Joubert. C'est d'ailleurs ce dernier, styliste parfait

des mythologies d'aventures des années cinquante, qui faisait le lien avec une autre série que nous dévorions tous, les romans *Signe de piste* (Foncine et *La bande des Ayacks,* Dalens et *Le prince Eric,* etc.), dont il illustre les pages intérieures de dessins au trait d'une grande finesse expressive. Ces images jouaient un rôle capital pour nous aider à mimer plus aisément les exploits de nos héros favoris. Morane, puis l'agent secret Nick Jordan (du romancier belge André Fernez) que j'aimais tout spécialement et qui inspira l'un de mes premiers personnages de fiction, Gil Gordon, telles furent dans les années 61-63 les sagas littéraires qui transformèrent dans mon regard les petites rues du centre de la ville en médinas moites et dangereuses, et la campagne proche de la maison en zone sibérienne interdite lorsque le rude hiver 62 l'eût recouverte d'une épaisse couche de neige. Les stéréotypes du texte romanesque un peu fruste, les enluminures de Joubert, souvent plus subtiles, s'entremêlaient d'une manière infiniment plus pernicieuse que les séquences des bandes dessinées, elles-mêmes dérivées de formes romanesques antérieures et qui prolongeaient nos *serials* favoris. Bob Morane apparaissait ainsi plus proche de Dickens, à qui je demande pardon, que d'Hergé ou de Jacobs. Le plain-texte des romans a toujours fait délirer davantage mon imagination que la transparente disposition des images des films ou de la bande dessinée, rêves déjà totalement accomplis, séquences pressées jusqu'à la dernière goutte...

44

Je ne me suis vu en personnage de bandes dessinées que pour me changer, aussitôt, en protagoniste d'un roman interminable.

Le désir insatiable dont je parlais plus haut, relatif à ma profonde conviction d'être un initiateur, n'a jamais fait de moi un « petit chef ». Mais je ne reniais cependant pas d'épisodiques rôles de bouffon, comme lors de mes séjours à la colonie de vacances de l'abbé Robert qui se tenait chaque été dans le sud du département de Charente-Maritime. La plupart des garçons rassemblés sous les grandes toiles de tente kaki, à l'orée d'un odorant bois de pins, appartenaient à un univers rural totalement étranger à mes préoccupations habituelles. Nous nous retrouvions cependant complices dans l'exploration des mystères qui nous entouraient : ceux de la campagne alentour et de ses habitants — certaines fermes isolées nous paraissaient hantées par d'étranges personnages —, ceux des lieux choisis par les moniteurs pour les jeux de piste et les longues veillées passées à chanter ou à écouter des histoires. Les voix encore : l'un de mes plus forts souvenirs de « mystère vécu » reste lié à l'audition d'un enregistrement sur disque de *La marque jaune* de Jacobs, dans une profonde et tiède obscurité... Ce disque fabuleux — dont j'acquis par la suite un exemplaire qui demeure un objet de culte — nous conquit tous sans exception et devint une sorte de mythe référentiel durant le reste de notre séjour au camp. Les autres garçons étaient tous, peu ou prou, lecteurs du journal *Cœurs vaillants* auquel j'étais abonné. Durant la sieste, que nous faisions à l'ombre des pins parasols notre passe-temps consistait en la lecture alternée des immenses reliures de ce journal. Dans les numéros anciens (années 40 et début des *fifties*), je trouvais plusieurs « succédanés » des séries de Tintin, dont les facétieuses bandes de F.A. Breysse, *Oscar et Isidore*. Les six albums format carré de Breysse (*La montagne de la peur, La rivière du feu, S.O.S. 23-75, L'oncle du Tchad*, etc.) restent pour moi la parfaite émanation de cette époque. Ils sont indissolublement liés à ces séjours au camp de l'abbé Robert, aux pique-niques dans les fougères, aux baignades dans la petite rivière qui sentait les vaches et le fraîchin, aux parties de chandelle et à d'extraordinaires spectacles de travestis auxquels je me donnais sans retenue. Et puis aussi aux hurlements tragiques et glaçants de la « folle », une vieille femme qui, assez souvent, venait troubler notre sérénité en dévidant sur un mode hystérique ses souvenirs du temps de guerre encore proche et sa douleur d'y avoir perdu un fils...

La plupart de mes vacances d'enfant se sont passées sous le soleil de la côte Atlantique, sur la plage de Saint-Palais-sur-Mer ou de Nauzan, non loin de la villa Mathieu aux galeries de bois et au toit compliqué. Le *Pays imaginaire* de Peter Pan trouva en ces lieux une annexe inédite, et un nombre incalculable de lectures sont restées pour moi inséparables du littoral charentais. Du phare de la Coubre à celui de Saint-Georges-de-Didonne, en passant par Pontaillac et la corniche qui mène à Royan, la plage de Foncillon, Vallières et ses rochers, Suzac, Meschers, puis, plus loin, l'église de Talmont en faction sur l'embouchure de la Gironde... Tous ces décors, vus et revus, fréquentés sans surprise, intégrés sans heurts à mon univers le plus intime, demeurent comme un réservoir d'images immortelles, sereines pour la plupart, familiales au sens le plus profond. J'y ai lu et relu des quantités de livres, dans la plus grande sécurité et la ferme assurance que toute cette masse de rêves me suivrait toujours et partout.

De cette époque datent quelques photographies en noir et blanc ainsi que des diapositives dont les couleurs aujourd'hui ont passé.

Par exemple :

— Avec maman, déguisés tous les deux en tziganes, sur la pelouse. Elle, en chemisier blanc, boléro noir, longue jupe rouge à raies blanches, tient une guitare de la main droite. La gauche est sur mon épaule. Moi, pantalon effrangé et boléro noirs, large ceinture rouge, chemise blanche et chapeau de feutre à large bord. Je dois avoir sept ou huit ans. C'est la fin du printemps aux Arènes. Très grande luminosité — on a toujours comparé le ciel de Charente à celui de la Grèce. Je plisse les yeux, comme souvent.

— Moi seul, debout dans le déguisement de tzigane. Je tiens du bout des doigts, le long de ma jambe droite, la petite guitare espagnole accrochée la plupart du temps au mur d'une des chambres du premier étage. Le costume a été confectionné par maman qui est une couturière-née. (Tous les vêtements que portent ma sœur et ma mère ont été réalisés par elle.) Derrière, les allées de gravier blanc en forme de huit, les pelouses, les arbres encore petits, le ciel clair où passent les hirondelles.

— Avec mon frère et ma sœur dans le jardin, du côté de la maison des V. C'est l'été. Les couleurs crues de nos vêtements éclatent sur les murs blancs, des murs en pierre taillée toute neuve. Le pommier croule sous les pommes. Nous avons l'air songeur.

— Vacances en Suisse : le chalet de Champéry (Valais), tous les locataires au balcon. (La famille F., leurs cousins, Ralph Dransfield et nous.) Image riante, très *Famille Trapp,* film à épisodes qui faisait mes délices. L'herbe est verte comme sur l'emballage du chocolat Suchard et la façade de bois verni avec son soubassement blanc et ses volets rouges vif a l'air d'un décor.

— Même été, ma sœur et moi au bord du lac Léman, sans doute près du château de Chillon. Des cygnes, des bateaux aux voiles repliées. Nous nous tenons debout, sous un saule qui me rappelle la séquence nocturne de *L'affaire Tournesol.* Brigitte est en corsage rouge et jupe longue multicolore, moi en short de cuir tyrolien avec bretelles et chemise blanche qui met en valeur mon bronzage.

— Villa d'Hossegor (Pays Basque). Rez-de-chaussée surélevé, fenêtres arrondies, volets verts. Des lauriers roses en fleurs. Toutes les ouvertures sont garnies par nos têtes épanouies. Devant la haie, la Panhard grise rutilante. La photo est prise de l'autre côté de la route bordée de pins et j'imagine que l'on doit être au premier jour des vacances.

— Ma sœur en compagnie de John et Peter, nos correspondants anglais. C'est l'automne du côté de Liverpool. Arbres aux feuilles jaunes et roses. Les deux garçons, mains dans les poches de leurs parkas gris-vert, marchent d'un pas assuré. Brigitte porte une veste trois-quart tabac, une jupe écossaise sur des bas noirs. Un foulard vert lui masque en partie le visage.

— Margot, notre pie apprivoisée, posée sur le bord d'une des vasques de grès du jardin. Derrière elle, comme pour composer un tableau japonais, des branches chargées de fleurs jaunes. Derrière encore, des arbres dénudés et l'étendue verte, un peu floue, de la prairie qui monte doucement vers le fond du vallon. Margot ne parlait pas mais nous prouvait son attachement par un véritable don d'ubiquité. Elle veillait à tout, surgissait en tout lieu et à tout moment, venait se percher sur mon épaule quand je lisais. Elle dissimulait toutes sortes d'objets dans ses nombreuses cachettes à l'intérieur et à l'extérieur de la maison. C'est ainsi qu'elle déroba un fume-cigarettes à Monsieur J., un voisin. Celui-ci, personnage plutôt revêche (il était surveillant au collège de Saintes), prit mal la chose et un jour qu'il surprit Margot dans son salon (sans doute en repérage), il lui cassa une patte. Dans la buanderie transformée en salle d'opération, maman posa des attelles à la patte blessée et Margot se remit rapidement. Un soir d'hiver plombé de brume, nous entendîmes un coup de feu dans la prairie et Margot ne rentra pas.

L'après-midi s'avançait... Nous nous étions baignés quatre fois et le château de sable semblait à présent très loin de la mer. Les seaux et les pelles étaient dispersés sur la plage et le flux s'éloignait. Le soleil commençait à descendre à l'horizon, car l'été finissait et les jours devenaient sensiblement plus courts. Nous étions tous là, par groupes de quatre ou cinq, garçons entre eux. Les filles étaient parties explorer les rochers recouverts d'algues noires. Nous étions rassasiés de soleil et nos épaules, pourtant aguerries par des semaines de hâle, brûlaient un peu. Le jour allait finir mais nos vies commençaient à peine. Les jeux étaient toujours les mêmes ; cependant, rien de ce que nous faisions ne portait l'usure du temps. A quoi rêvais-je encore ? Un peu plus haut, devant la tente à larges rayures blanches et rouges, les grands-mères, les mères et leurs amies tricotaient ou bien se prélassaient, filtrant le sable de leurs doigts. Cette année-là, les méduses étaient nombreuses et leur vue me donnait des hauts-le-cœur. Un livre à ouverture cartonnée était posé près de moi sur ma

serviette de bains. Un *Club des cinq* ou un *Signe de piste* emprunté à un garçon plus grand. Je venais d'en achever la lecture et je rentrais dans l'univers familier, la tête bourrée d'images et de sons, traversée de voix qui tentaient de survivre à l'achèvement de la lecture, malgré les bruits alentour, l'écho des cris entre les façades des villas, le roulement des vagues, le claquement métallique des ballons sur le sable sec... L'agonie de mes compagnons du roman paraissait pourtant inéluctable. Qu'appelaient-ils donc la vie, ces adultes dont les propos nous étaient si souvent dissimulés ? Était-ce vraiment quelque chose de très différent de ce que nous éprouvions nous-mêmes au fil des jours immobiles ? Ou bien cela ressemblait-il à cette vision de la vie du monde réel ainsi qu'on le disait dans les livres que nous lisions ? Cette mise en scène était attirante et les plus grands d'entre nous tâchaient d'en savoir plus, tentaient de « copier » les attitudes les plus caractéristiques de nos parents et maîtres...

Nous, les petits êtres civilisés de la plage ensoleillée, fragiles maillons d'une longue chaîne humaine, pouvions-nous faire autre chose que nous soumettre aveuglément au roman de la vie conçu, agencé, voire même écrit longtemps avant le jour de notre naissance, sous la voûte d'une cathédrale où se perpétuait la tradition de nos pères ?

Pourtant... Dans les pages du livre insignifiant posé près de moi, gisait la solution — la clef du problème. La clef des champs, peut-être aussi, qui pouvait m'aider à fuir, le temps d'une longue rêverie, la torpeur du monde alentour, la fausse sécurité de ce paysage qui m'apparaît aujourd'hui nimbé d'une clarté artificielle. Des projecteurs étaient allumés tout autour de la plage et là-bas, invisible de nous, un curieux personnage vêtu de noir, assis dans un fauteuil de toile, un porte-voix à la main, réglait la mise en scène. Nul d'entre nous ne soupçonnait le moins du monde qu'à notre insu, un drame se jouait dont nous étions les figurants innocents. Nos aînés ne savaient pas non plus que l'homme en noir les dirigeait, mais eux étaient conscients du rôle qu'ils jouaient et, sans le savoir non plus, répétaient — avec plus ou moins d'adresse — ce savant manège « directeur » sur nous-mêmes.

Dans le petit « roman pour enfants » que je venais de lire, quelques grains de folie déposés par la « main qui écrit » avaient été semés et, dans ma cervelle excitée par des propos pourtant bien anodins d'apparence, de petites phrases germaient déjà. Rien ne bougeait encore et le soleil continuait sa course réglée dans le ciel bleu. Un peu plus tard, avant de plier bagages et de rentrer à la villa, nous tenterions d'apercevoir le rayon vert et certains d'entre nous assureraient l'avoir vu. Plus tard encore, un de mes compagnons de jeu commencerait la lecture du roman dont les pages avaient emprisonné des grains de sable. La peau salée de nos membres fiévreux, énervés, s'agacerait au contact des vêtements enfilés à la hâte et bientôt nos estomacs seraient tiraillés par la faim. On allumerait les lumières de la villa et la soirée commencerait, dans la tiédeur et les murmures dissipant la solitude essentielle de nos corps, gommant la douloureuse présence de l'Homme noir et nous faisant croire à celle du Dieu sauveur tout là-haut, dans le ciel encombré d'étoiles. Tandis que, quelque part dans la maison, je chanterais d'une voix aiguë : « Bonsoir, Lili, bonsoir... »

Vers quel moment ai-je commencé à m'inventer des noms de personnages ?

Été comme hiver, des présences invisibles à mes côtés s'imposaient. J'étais seul à en connaître la nature et je savais déjà qu'elles ne me laisseraient plus jamais seul. Les voix d'autrefois qui racontaient des histoires, par la bouche de ma mère ou de ma grand-mère, avaient acquis une autonomie propre. Je me plaisais en leur compagnie et cette passion coupable, entretenue à longueur d'années, allait commencer à nuire à mes rapports avec l'extérieur.

Ces voix, je devais les nourrir et la lecture, seule, m'aiderait à pourvoir à leur entretien quotidien... Je sentais que je leur devais tout et que j'allais avoir un rôle à jouer pour elles, car tout cela n'était pas sans motivations véritables, ni sans finalité. Les voix qui parlaient dans ma tête et me racontaient des histoires, au printemps comme à l'automne, les jours de pluie comme ces soirées tièdes du mois de Marie, sur le chemin de l'école et même sur les bancs de ce bagne insupportable, ces voix incessantes, comme celles qui exhortaient Jeanne d'Arc, me poussaient à parler à mon tour. Pour quoi dire ? Pour écrire, plutôt. Car il n'était pas question de me répandre oralement, de répéter à quiconque tout ce que j'entendais — tout ce que le récepteur de mon cerveau captait sans trève ni repos. Cette « radio » personnelle me reliant à d'autres compartiments d'un grand imaginaire partagé avait besoin d'être identifiée : le *speaker,* ou plutôt le *writer* devait se faire l'interprète, le personnage de tous les romans, reçus comme des messages, par-delà l'espace et par-delà le temps. Mais, avant, il faudrait découvrir l'identité de mes correspondants, les prier de se faire mieux connaître, de me laisser appréhender leurs œuvres singulières, leurs vies si peu lointaines, au fond. Les prier aussi de me faire pénétrer dans leur intimité, leur monde intérieur, par le truchement des livres les plus chers à leur cœur. Je n'avais qu'un désir : devenir leur filleul, leur ami fidèle et leur correspondant.

Il y avait déjà Tante Polly, je veux dire : Enid Blyton. Mais je l'avais escamotée, pour me plonger dans l'abondante bibliographie de Mrs. Christie, de son prédécesseur Conan Doyle, dont le Sherlock Holmes demeure l'un de mes anges tutélaires. À quelle époque ai-je découvert Jules Verne, ce grand

paquebot voguant sur l'océan d'une adolescence un peu vieillotte mais éternelle ? Tout se mélange, et je crois que nos rencontres furent multiples : très jeune (8 ou 9 ans) je tombai la tête la première dans les pages enluminées de gravures obsédantes de *L'île mystérieuse* et du singulier *Sens dessus dessous*. Je m'identifiai à Erik Hersebom, l'orphelin de *L'épave du Cynthia,* voyageai en compagnie de *Mistress Branican,* mais tout cela se mêlait de ma fréquentation d'histoires plus anciennes. Le *Ben-Hur* du général Lewis Wallace éveilla en moi le goût du péplum, tant en littérature

qu'au cinéma. *Fabiola, Quo vadis* (immortalisé à l'écran avec Peter Ustinov dans le rôle de Néron) et *Les derniers jours de Pompéi* accentuèrent ce goût des fastes antiques déjà aiguisé par les histoires de la Bible entendues au catéchisme et les bandes dessinées de Jacques Martin. Au milieu de ces fresques auxquelles Jules Verne intégrait ses longues épopées curieusement cryptées, les romans de mystère plus modernes m'apparaissaient comme la mise en scène d'une peur toute proche. L'angoisse n'était déjà plus une évasion et doublait d'un fil noir la plupart de mes gestes quotidiens. Je jouais au mystère et à la peur — en souvenir du *Mystère du château maudit* de Duverne, ou parce que je découvrais Gaston

Leroux, *Le meurtre de Roger Ackroyd*, *10 petits nègres* ou *Cinq petits cochons*, mais je sentais confusément que là gisait l'insupportable sensation d'une faiblesse que je tentais par tous les moyens de conjurer. En moi, le personnage de romans interrogeait sans cesse les voix auxiliaires, plongeait tour à tour dans le décor de la Rome antique, ou du Londres victorien, se nimbait tantôt de poussière et de

sang, tantôt de pénombre et de la fumée âcre des cigares, poursuivant les créatures de la fiction jusqu'au seuil de l'invisible demeure de la création.

En cette époque tumultueuse, intérieurement, je me fis l'interprète muet d'un curieux concert de voix, de bruits et de sensations romanesques dont mon entourage ne percevait sans doute rien. J'offrais le visage renfrogné, taciturne, d'un petit garçon que la vie de tous les jours ennuie passablement. Car, comment dire l'ampleur des rêves lorsqu'on les vit dans une véritable clandestinité ? Comment épancher la vision à la fois terrible et douce des mondes tapis entre les pages des livres lorsqu'on n'est pas très sûr de l'importance que cela pourrait représenter aux yeux des autres ?

Bien sûr, j'avais toujours des amis et nous jouions ensemble mais déjà je les sentais se détacher progressivement de ces longs moments d'oubli de la réalité. Je les sentais qui m'abandonnaient pour se livrer à d'autres activités plus concrètes et je ne pouvais leur en vouloir. Eux aussi, je le comprends à présent, préparaient leur avenir.

Et je me retrouvai bientôt, au seuil de mes douze ans, seul avec mes secrets, des trésors enfouis dans ma tête et la certitude désormais bien ancrée qu'il allait falloir poursuivre avec acharnement le combat pour la survie du personnage...

Le matériau ne manquait pas, mais j'ignorais alors qu'un événement proche, effrayant, allait accentuer encore la présence en moi de ce monde magique, m'enfonçant plus avant dans la caverne où résonnaient les voix.

Un jour vint où je décidai d'élargir mon champ d'investigation. J'avais dévoré le contenu de toutes les reliures vertes des volumes omnibus d'Agatha Christie appartenant à Mme V. Et la bibliothèque familiale ne suffisait plus à ma consommation. Les livres stockés dans le grenier de la petite maison de ma grand-mère, rue Pasteur, me paraissaient pour la plupart assez rébarbatifs et j'avais trop lu et relu la Comtesse de Ségur. Une page était tournée. J'en vins donc à explorer les lieux les plus convenus comme les plus divers. Les rayons interdits au public de la bibliothèque municipale de Saintes où je m'introduisais en compagnie d'un ami dont le père possédait un appartement dans ce magnifique hôtel particulier de la rue des Jacobins firent quelque temps mes délices : c'est là que je découvris les grandes collections policières, surtout les anciennes : *L'empreinte*, *Le labyrinthe*, *Le basilic rouge*, *Le domino noir*, *La chouette*, *Le limier*, *L'énigme*... Des quantités de noms d'auteurs me sautèrent au visage, dont certains m'étaient déjà connus par la liste des volumes du *Masque* où j'avais lu Agatha Christie, Dorothy Sayers (*Les pièces du dossier* est mon préféré) et Peter Cheyney. J'eus envie de m'enfoncer dans ce monde ténébreux qui prolongeait celui de Conan Doyle. Cependant, cette envie fut freinée par une découverte parallèle, qui allait revêtir une grande importance pour moi : celle du *mauvais genre* en littérature (je devrais dire en fiction, pour ne pas froisser les puristes). Le décor de cette rencontre ne fut sans doute pas choisi au hasard par le destin. Ce fut celui, un peu *cheap,* noyé de néons et d'une musique suave, du supermarché local, les Nouvelles Galeries, près du pont Bernard-Palissy qui enjambe la Charente au cœur même de la ville. Je m'y trouvais en contemplation devant un tourniquet rempli de livres de poche lorsqu'une série de couvertures aux couleurs agressives, vulgaires, s'imposèrent à ma vue. C'étaient des gouaches de Gourdon et de Brantonne pour les séries fameuses des éditions Fleuve noir : Espionnage, Spécial police, Angoisse, L'aventurier, Anticipation. Et ces images m'aguichèrent au point que je fis, au hasard, l'acquisition d'un de ces livres au genre douteux. L'objet de cet achat est resté présent à mon esprit : il s'agissait d'un roman de la série Angoisse signé Franc Puig, qui demeure pour moi l'auteur de ce seul livre : *L'étrange Monsieur Bormann.* L'histoire qui était imprimée en caractères épais, sur un papier pelure d'assez médiocre qualité, était lugubre, moite, inquiétante. L'illustration de couverture représentait un homme en buste, au visage dur, sur le fond bleu marine commun à tous les volumes de la collection. J'eus envie de lire d'autres romans du même type, telle-

ment différents de tout ce que j'avais lu jusque-là, des « mauvais livres » dont les phrases résonnaient dans ma tête comme les cris vulgaires des habitants de la grande maison, sur le chemin du cours de Mlle Le Roy. Ce besoin étrange que je n'ai jamais cherché à analyser restait indissociable de l'irrésistible envie de progresser dans la découverte d'autres cercles d'aventures. Voyageur immobile, j'avais le désir de changer de peau sans changer de visage, sans prendre de risques...

Mes pas me guidèrent ensuite — de l'autre côté du pont, par-delà l'Arc de Triomphe — vers un brocanteur tenant boutique face à l'entrée de la prison. A son étal foisonnait la littérature populaire de grande consommation qui se trouve d'ordinaire dans ce genre d'endroit. Et c'est là que je lus pour la première fois sur la couverture d'un livre broché aux pages maladroitement coupées, le nom de Delly. Ce jour-là, je rentrai à la maison en dissimulant adroitement deux ou trois volumes de cet auteur (que j'imaginais plutôt féminin, mais dont j'ignorais bien sûr tout). Et je lus avec un sentiment proche de la nausée d'abord, puis qui se mêla bientôt de délectation louche pour la blancheur équivoque du propos, sa minutie mièvre, sa convention vieillotte et doucereuse, *Les hiboux des Roches rouges* et *Rue des Trois-Grâces*. Ces deux romans figurent aujourd'hui parmi la septantaine de Delly qui ornent fièrement ma bibliothèque et je ne rougis plus d'accorder un réel attachement au ton gourmet, aux images dentelées et aux intrigues récurrentes de Marie et Frédéric Petitjean de la Rosière. Car j'ai compris que l'immaculée conception de cette œuvre romanesque sans pareille, cet océan de prose où se baigne un public qui n'a peut-être accès à aucune autre production littéraire, constitue l'un des sommets du roman français au XXᵉ siècle. Delly, c'est le Proust du lecteur pauvre qui n'a pas eu accès aux fameux chefs-d'œuvre que vantent les historiens de la Littérature et autres chiens de garde du bon goût et le personnage de romans, en moi, trouva dans cette comédie humaine faussement glacée un grand nombre de frères et de sœurs hantés par les mêmes obsessions. Oh ! bien sûr pas un maître à écrire ni des idées d'intrigues, mais une approche feutrée, hypocrite du monde et de ses castes les plus stéréotypées qui m'a toujours paru être l'un des privilèges du roman. Marie Petitjean était l'héritière directe de Charlotte Yonge et de Mrs. Henry Wood, romancières victoriennes qui influencèrent passablement Henry James, mais surtout ses histoires reproduisaient en les appauvrissant les longs récits de l'Allemande Eugénie Marlitt, auteur de l'immortel *Secret de la vieille demoiselle* (1869). Mais ce faisant, la romancière transie et son frère infirme, cloîtrés dans leur grande maison de Versailles, créaient un univers totalement détaché de toute vraisemblance, totalement travesti et introverti dont la fréquentation a toujours « soigné » en moi quelque mal inavouable. Alors pourquoi tenterais-je de le nier et de celer mon admiration pour cette fascinante masse d'écrits (107 romans parus de 1905 à 1970, par la grâce de curieux « inédits » retrouvés par leurs éditeurs après la mort de Frédéric et Marie, à la fin des années quarante) ? Delly m'apparaît assez proche de Raymond Roussel par l'atmosphère envoûtante de la description et du leurre d'écriture, l'une lisible au-delà de tout, l'autre enfermé dans son illisibilité comme dans une tour d'ivoire. Et pour moi, ces œuvres se complètent par la même effarante peur du réel qu'elles dégagent. L'ambiance 1900, froide et sinistre, des décors composés de toiles peintes pendues derrière des personnages convenus est pareille à celle qui baigne encore aujourd'hui la maison de Pierre Loti, à Rochefort-sur-Mer, par le mélange d'ennui et d'espoir fou, enfantin, qui se dégage de cette imagerie surannée. Pourquoi, sur les vieilles cartes postales des stations balnéaires du début du siècle, ressemblent-elles à des décors de rêves, à des maquettes peu vraisemblables : mon regard de lecteur de Delly et de Roussel — découvert à la même époque, tout à fait par hasard — est rempli de nostalgie et d'une vision superposée qui est celle de l'énigme ancestrale. Le mystère de ceux qui ont vécu avant moi et ont traversé ces époques étranges, me laissant l'héritage insidieux de leurs passions cachées, de leurs fantasmes enfouis dans la convention la plus acharnée. Mais pour en revenir à ces écrivains que j'associe à l'encontre de toute pudeur critique, j'aimerais dire encore que le plaisir qu'ils m'ont donné

ne fut jamais partagé — du moins à cette époque. Tout s'imbriquait curieusement pour offrir en pâture à ma solitude compassée une forme de littérature qui s'y associait intimement, m'éloignant davantage du monde quotidien et trop moderne à mon goût. Le nirvana des livres était mon but et je pensais ainsi l'atteindre. Delly, Marlitt, Jeanne de Coulomb, Trilby et Maryan s'associèrent un temps à cette curieuse anglaise nommé Ouida, dont les romans italiens ont un charme bien oublié, pour se faire les vestales de mon petit temple des délices. Innocente et suave dérive au fil d'un fleuve profond sur lequel je laissais de temps à autre filer un cadavre très anglais, histoire de rétablir l'équilibre et d'assumer ma vraie nature. L'amour et la mort réunis sur l'écran de ma passion de plus en plus dévorante et métissée.

Je n'en dirai pas davantage pour l'heure sur ma fascination pour Raymond Roussel et son génie à l'état pur, car elle appartient à mon adolescence. Au seuil de mes douze ans, je naviguais encore sur des eaux plus claires, alimentées par les sources vertes et roses de ce qu'il est convenu d'appeler la « littérature enfantine » et la lecture, plus ou moins autorisée, de ces mauvais livres alimentaires, écrits — comme disait Cocteau — pour qu'on les dévore. Et l'abondant courant coloré des albums de bandes dessinées ne cessait de se mêler comme dans la cuve du relieur à ces volutes plus sombres ou plus pâles, selon le genre, des lectures marginales. L'aventure stéréotypée, les clichés souvent appauvris, le plus souvent simplifiés (épurés) de l'exotisme et du mystère apportaient avec eux un « second degré » dont j'ai toujours goûté l'audace. Cette audace n'était bien sûr que dans mon œil d'enfant délicat, porté naturellement aux belles-lettres, car bon nombre de mes petits camarades ne virent jamais qu'au premier degré ces récits qui satisfaisaient une gourmandise bien vite apaisée. J'aurais dû les envier, peut-être. Mais j'étais pétri d'obsessions si bizarres (incompréhensibles) qu'il me fallait non seulement aller jusqu'au bout du simple plaisir de lire, mais aussi créer les liens entre ces lieux disparates, construire d'audacieuses passerelles entre les fabriques du faux décor d'encre et de papier. Et puis, les voix des succubes parlaient en moi, me réveillaient la nuit, en sueur entre mes draps, me soufflaient à l'oreille, en plein jour, des noms et des mots inconnus. Ces mondes étranges m'étaient en fait beaucoup moins familiers que je ne le laissais paraître. Je frimais.

En moi, les voix étranges se croisaient et résonnaient, le personnage de romans prenait de l'importance. Les fictions dévorées sans relâche ne les satisfaisaient pas mais nourrissaient cependant comme il convenait celui qui avait pris mon apparence banale et qui sous mes gestes d'enfant sage, aux airs nostalgiques, préparait sa voie. Je comprenais que ces voix — dont, tout au début de ma vie, ma grand-mère et ma mère s'étaient faites les porte-paroles innocentes — existaient bel et bien depuis des siècles, des millénaires. Soumises à une aveugle combinaison de gènes, elles surgissaient de temps à autre et elles m'avaient choisi, moi l'enfant de chœur intimidé de l'église Saint-Eutrope, pour recevoir leur message. Oh ! cela n'était sans doute pas destiné à me couvrir de gloire un jour, c'était juste pour me donner quelque consistance, me faire *écrire,* sinon parler, ce dont j'étais tout à fait incapable.

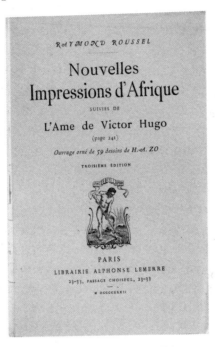

Ces voix, déjà, me semblaient bien plus vaniteuses que je ne l'étais — et que je ne le suis encore — et elles me dictaient des méthodes incongrues pour parvenir à mes fins. « Reco-pie », me disaient-elles en pouffant de rire au ras de mon oreille. « Recopie ce qu'ont fait les autres avant toi et que nous te montrons. »

Mais ce qu'elles me laissaient parfois entre-
voir dans mes rêves n'était que des fragments
ou des livres imaginaires. C'est ainsi que reve-
nait souvent dans mes rêves la vision d'une
série d'albums de bandes dessinées du genre
de celles que j'aimais avec passion (Hergé,
Jacobs, etc.) et, au réveil, l'impression qui
subsistait en moi était un désir fou de *recopier*
ce que j'avais entrevu, l'instant d'une illumi-
nation, ailleurs dans l'espace et le temps.

C'est à cette époque que j'ai commencé à
croire à la *réverbération*.

Elles ne parlaient pas vraiment, ces voix,
ou plus exactement ne parlaient plus, mais
elles me montraient ce que j'allais devoir faire
à présent. Et j'ai bien été obligé de leur obéir.
Jamais elles ne m'ont poussé sur la voie des
études : elles haïssaient le savoir académique,
me faisaient toujours prendre le chemin parallèle. Peut-être ont-elles poussé la malice
jusqu'à mettre en scène les « vociférations »
qui me jetaient dans l'angoisse, à hauteur de la
maison mal famée, sur le chemin du cours de
Mlle Le Roy ?

Lorsque survint, au cours de ma treizième
année, l'événement qui allait me clouer
durant près de trois mois dans un lit d'hôpital,
je sais bien que dans l'ombre elles durent se
frotter les mains — des mains gantées de
caoutchouc et maculées de sang. Une transfu-

sion s'opéra qui sans nul doute acheva de me mettre à leur merci car si j'étais, moi, plutôt mal en point, avec cette péritonite qui faillit mettre un point final à mon histoire, le personnage de romans, lui, se portait à merveille. Mon corps, docilement, restait enfermé entre les murs blancs de la clinique, soigné par un jeune chirurgien plein d'assurance et possesseur d'une magnifique Aronde « Plein Ciel » dans laquelle il me transporta d'urgence jusqu'à la salle d'opération... Le personnage, assis comme Peter Pan sur le rebord de la fenêtre de ma chambre, sa silhouette invisible à tout autre que moi sur la clarté du ciel trop bleu, veillait sur moi. Avec patience, j'obéissais aux ordres des Invisibles qui avaient voulu me signifier, de manière obscure et dangereuse, ce qu'allait être ma vie. Avais-je compris ? Je me mis à *recopier* dans mon lit les dessins de mes livres favoris, à *relire* ceux-ci du premier au dernier, fixant à tout jamais dans ma cervelle les intrigues tant vénérées, les destins chéris de mes compagnons de jadis. Rien ne fut laissé de côté : l'un après l'autre, tous les volumes de ma bibliothèque — numérotés quelques mois auparavant, de façon prémonitoire — défilèrent sur la table de nuit et, avec parfois le secours des voix terrestres, je me plongeai avec délice dans ces histoires qui commençaient déjà à s'estomper.

Pendant ce temps, la réalité m'échappait, mais n'est-ce pas ce que j'ai toujours souhaité ?

Certaines personnes, après un gros rhume, découvrent qu'elles ont perdu le sens du goût ou de l'odorat et le retrouvent graduellement, plus tard. Je crois avoir totalement perdu le goût des études pendant ce long séjour en clinique où je perfectionnai mon dessin et sombrai dans une overdose de lecture. Par la suite, rien ne fut comme avant. Dans le récit qui précède, je crois avoir anticipé sur certains goûts précis, comme celui des romans d'épouvante, à la suite de la découverte d'un roman de la collection Angoisse au rayon librairie des Nouvelles Galeries. Mais ce filon qui allait me mener à fréquenter l'œuvre de Marc Agapit, l'un des plus curieux romanciers français d'action du siècle — et que vous ne connaissez sûrement pas, ce dont personne ne vous en voudra — me poussa aussi, un jour de 1963, à me faire offrir par ma grand-mère la toute récente traduction intégrale de *Dracula.* Et les jours qui suivirent furent ceux d'une découverte encore plus fabuleuse que toutes les autres : pour la première fois, j'avais entre les mains l'une des fables les plus extraordinaires jamais composées sur le mystère même de la vie sous la vie. Le succube me clignait de l'œil, me disait : « Je suis là et ces voix qui te parlent sont comme moi, aux aguets : un jour, elles frapperont à ta porte et l'heure sera venue... » Seul dans sa tombe — racontait Bram Stoker — le non-mort entreprenait d'asservir l'imaginaire du monde. Ce livre me faisait peur et, le relisant vingt ans plus tard au moment où j'écris ces lignes, il me vient à l'idée qu'il était prémonitoire, lui aussi. Mais qu'est-ce que cela veut dire ?

Chaque jour, un peu de sang frais vient redonner à la fiction du personnage la dose d'immortalité qui lui est nécessaire. Ce Club des vampires dont je fais partie trempe sa plume dans le liquide invisible de la vie impalpable et se régénère au courant profond dont il se sent indissociable. L'imaginaire fait peur parce qu'il mène à tout dès le moment qu'on a signé avec lui le pacte diabolique...

Les voix résonnent dans ma tête. Quels mots tentent donc de s'imposer à mon esprit tandis qu'un fracas de cloches emplit tout à coup l'espace alentour ? Des mots qui recomposent un tableau imparfait, celui d'une chambre soudain inondée de soleil, un matin de 1955 — peut-être —, mais peu m'importe le lieu ou la date car le personnage, dans ma tête, a sans doute inventé tout cela. C'est là, toujours, que les choses se passent, devant mes yeux que défile l'image changeante du monde, mais les cloches sonnent dans un autre espace et un autre temps, immobiles comme sur un tableau, mieux encore que dans un livre. Car il faudrait des images pour décrire tout ceci et l'harmonieuse disposition des parenthèses chères à Roussel pour définir un nouveau monde plus proche de ce que je vois véritablement. Avec la maladresse du souvenir, seuls les noms des livres et des auteurs me reviennent — mais demain, tout aura changé, une autre perspective s'ouvrira, comme le paysage entrevu par la fenêtre du compartiment de chemin de fer, alors à quoi bon s'évertuer ? Je pourrais reprendre là où les choses ont commencé à dériver, tandis que se profilait la silhouette du personnage. Ne s'agirait-il pas du moment où s'estompaient les voix maternelles pour laisser la place à une lecture plus directe des textes ? L'instant précis où le vampire a surgi de sa tombe, enfouie depuis des années sous ma chambre d'enfant et, se penchant sur moi, a étendu ses ailes en ricanant. Je me plais à l'imaginer, enfoui dans la tiédeur des draps du grand lit que je n'aurais jamais dû quitter.

1985

TABLE ET LÉGENDES DES ILLUSRATIONS

Page 6 : En petite fille modèle sur la scène du casino de Luchon, au cours de l'été 1952. Le public applaudit le travesti — admirable travail de ma mère et de ma cousine Jacqueline. On me prend pour une vraie petite fille.
Consternation.

Page 12 : Mi-carême 1955. Je suis déguisé en Turc. Mon épée en carton recouvert de papier doré se brisera aussitôt mon arrivée chez les H., où a lieu la party.

Page 16 : Le train Hornby, sur la terrasse de la rue Lacurie. Au dos de la photo, on a écrit :
« Saintes, gare de trillage (sic). »

Page 20 : Le soleil de l'Annam. Un nouveau déguisement avec le chapeau de marin tellement dépaysant et qui m'intrigue encore aujourd'hui, même si je ne le porte plus. On devait être en train de me dire quelque chose d'amusant.

Page 40 : Entre Tante Renée, dite Nénette et Mamie, sur la terrasse à Saintes. Derrière, la maison des V. Moment de béatitude. L'une parle, l'autre écoute. Les martinets ne vont pas tarder à faire leur apparition dans le ciel.

Page 52 : *Saint-Palais-sur-Mer, juillet 1953. La pêche aux crevettes dans les trous des rochers, à marée basse. Tout au fond de l'estuaire, d'énormes bateaux manœuvraient parfois avant de prendre la direction du port de Bordeaux et menaçaient de leur forme changeante notre quiétude.*

Page 58 : *Corniche de Saint-Palais, un jour de tempête, juillet 1953. (Inscription au crayon de la main de Mamie.) On dirait une photo de film. Un de ces moments heureux où l'ambiance générale, grise et faussement taciturne, modifiait le rituel des vacances. J'aimais les jours de pluie et les promenades jusqu'au Pont du Diable, où la mer était grosse.*

Page 63 : *Noël 1960. Avec mon chat Rheza. Le pauvre devait mourir tragiquement peu après, devant la loge de la concierge des Arènes. Je venais de recevoir le premier tome des Enquêtes de Sherlock Holmes dans l'édition à couverture jaune, bleue et noire. Les trois autres volumes suivraient au rythme d'un par an.*

Page ci-contre : *Oncle Pierre, l'animateur du concours de travestis, me prend par la main. Il ressemble à un traître des films en noir et blanc d'Alfred Hitchcock. Il m'annonce que je viens de gagner une magnifique poupée. Trahison.*

CET OUVRAGE A ÉTÉ IMPRIMÉ
LE 2 AVRIL 1987
SUR LES PRESSES DE L'IMPRIMERIE HÉRISSEY
POUR LE COMPTE DE PIERRE HORAY
ÉDITEUR A PARIS

N° d'éditeur 791 — N° d'imprimeur 41944
Dépôt légal 2ᵉ trimestre 1987
Imprimé en France